पौराणिक कहानियां

HINDI VERSION

ब्रतेश कुमार सिंह

इस पुस्तक के लिए समर्पण के लिए में धन्यवाद कहना चाहता हु वो है @N.P, श्री बृजेश कुमार शर्मा सर, श्री चौहान अमित सर, श्री महेश कुमार , श्रीमती सर्वेश कुमारी, श्री सुरेश कुमार सिंह, श्री राम जी लाल, श्री ब्रजेश सिंह।

क्रम-सूची

प्रस्तावना

मैं , ब्रतेश कुमार सिंह इस पुस्तक का लेखक आपसे धन्यवाद कहना चाहता हु की आपने इस पुस्तक को ख़रीदा। आपको अगर इस पुस्तक पर कोई राय या सुझाव देनी है तो कृप्या हमें brateshkumarsingh@gmail.com पर जरूर दे। और अगर इस पुस्तक के निर्माण में अगर कोई गलती हो जाए तो कृपया कर हमें माफ़ करें।

    - धन्यवाद

- ब्रतेश कुमार सिंह

1

भगवान श्री कृष्ण

भारत नाम के देश में, आधुनिक समय में उत्तर प्रदेश राज्य यमुना नदी के पास एक छोटा सा शहर है। इसे मथुरा, एक पवित्र शहर के रूप में जाना जाता है। यह भगवान कृष्ण की जन्मभूमि है। गोपाल लगभग 5,000 साल पहले, मथुरा कंस नामक एक अत्याचारी राजा के शासन में था। कंस इतना लालची और चालाक था कि उसने अपने पिता उग्रसेन को भी नहीं बख्शा; कंस ने उसे कैद करके खुद को मथुरा का राजा घोषित कर दिया। उग्रसेन एक अच्छा शासक था, और कंस इसके ठीक विपरीत था। यह मथुरा के आम लोगों के लिए कंस की फिजूलखर्ची और अनुचित शासन को सहने का एक कठिन समय था। इन सबसे ऊपर, कंस ने यदु वंश के शासकों के साथ बार-बार अपने सींगों को बंद कर दिया, जिसके कारण बार-बार युद्ध हुए और मथुरा के शांतिप्रिय नागरिकों को परेशान किया।

लेकिन जल्द ही एक खुशखबरी आई। क्राउन राजकुमारी देवकी का विवाह यदुवंश के राजा वासुदेव से हो रहा था। मथुरा के नागरिकों ने शादी का स्वागत किया, क्योंकि इसका निश्चित रूप से मतलब था कि कंस का यदु वंश के साथ लगातार युद्ध समाप्त हो जाएगा।

जल्द ही बहुप्रतीक्षित दिन आ गया। मथुरा ने फेस्टिव लुक पहना था। हर कोई उत्सव के उत्साह में था। यहां तक कि आमतौर पर मथुरा के उजाड़ नागरिक भी खुश नजर आ रहे थे। और यह देखने में बहुत अच्छी बात थी, क्योंकि मथुरा के लोग अक्सर मुस्कुराते नहीं थे। कंस जैसे भयानक राजा के साथ उनका मार्गदर्शन करने के लिए वे कितने ठंडे हैं।

जल्द ही, देवकी का विवाह राजा वासुदेव से हो गया। कंस, जैसा कि वह चालाक था, ने सोचा, "अब, वासुदेव का राज्य मेरे जैसा ही अच्छा है"।

शादी के बाद, उन्होंने शाही जोड़े को शाही शिष्टाचार की बौछार करने के लिए खुद घर ले जाने का फैसला किया, जैसा कि उन दिनों प्रचलित था। लेकिन ऐसा हुआ कि जैसे ही कंस ने शादी के रथ की बागडोर संभाली, आकाश से एक दिव्य आवाज गरज उठी, "दुष्ट कंस, तुम इसे नहीं जानते। लेकिन अब जान लीजिए कि वासुदेव को देवकी का हाथ देकर आपने अपने ही डेथ वारंट पर दस्तखत कर दिए हैं। वासुदेव और देवकी से पैदा हुआ आठवां पुत्र तुम्हें मार

डालेगा!

यह सुनकर कंस डर के मारे बेहोश हो गया। लेकिन फिर वह गुस्सा हो गया। उसने तुरंत देवकी को मारने के बारे में सोचा क्योंकि उसने सोचा, "माँ के मर जाने पर बच्चा कैसे पैदा हो सकता है?" इसलिए उसने अपनी तलवार निकाली और देवकी को मारने के लिए उठाई।

इस क्रूरता से राजा वासुदेव भयभीत हो गए और अपने घुटनों पर गिर पड़े। "हे कंस .." उसने भीख माँगी, "... कृपया अपनी बहन को मत मारो। मैं व्यक्तिगत रूप से आपको उन सभी बच्चों को सौंप दूंगा जिन्हें वह जन्म देती है, ताकि ओरेकल की आवाज सच न हो। "

दुष्ट राजा ठिठक गया। "तब आप मेरे महल में कैदियों के रूप में रहेंगे," उन्होंने घोषणा की और वासुदेव के पास उनके फैसले को स्वीकार करने के अलावा कोई विकल्प नहीं था। कंस खुशी से मुस्कुराया। पूरी दुनिया में वह जिस एक व्यक्ति से प्यार करता था, वह उसकी बहन थी और उसने अपनी जान बखशने का फैसला किया। वह यह सोचकर संतुष्ट था कि स्थिति उसके नियंत्रण में है। आखिर वह उसके बच्चों को जीने नहीं देने वाला था, है ना?

कंस ने देवकी और उसके पति राजा वासुदेव को महल की काल कोठरी में बंद कर दिया और उन्हें लगातार निगरानी में रखा। जब भी देवकी ने काल कोठरी में एक बच्चे को जन्म दिया, कंस ने बच्चे को नष्ट कर दिया। इस तरह उसने देवकी से पैदा हुए सात बच्चों को मार डाला। उसने अपनी बहन के सभी दिल दहला देने वाले रोने के लिए एक बहरा कान फेर लिया।

देवकी को आठवीं बार गर्भवती होने में नौ साल बीत चुके थे। अपनी संभावित मृत्यु के भय से परेशान कंस ने अपनी भूख खो दी और रात में खराब सो गया। लेकिन उन्होंने हत्यारे विचारों के साथ अपनी दासता के जन्म की प्रतीक्षा की।

महल की काल कोठरी में, वासुदेव अपनी पत्नी को सांत्वना देने की पूरी कोशिश कर रहे थे, लेकिन देवकी डर गई। मेरा आठवां बच्चा एक दिन में पैदा होगा, "उसने रोया। "और मेरा क्रूर भाई इसे भी मार डालेगा। हे पराक्रमी देवताओं, कृपया मेरे बच्चे को बचाओ!"

श्री कृष्ण रात्रि शीघ्र ही समाप्त हो गई और अगला दिन आ गया। देवकी ने दिन का अधिकांश समय आंसुओं में बिताया। सांझ ने एक भयानक रात को रास्ता दिया जैसा कि पहले मथुरा में नहीं देखा गया था। ऐसा लग रहा था कि पूरी दुनिया ने देवकी के मन को समझा और अजन्मे बच्चे के शोक में उनका साथ दिया। हवाएँ गुस्से से गरज उठीं और ऐसा लग रहा था कि आसमान में भयंकर बारिश हो रही है।

अचानक पिन ड्रॉप साइलेंस हुआ। और फिर वह एक दिव्य बच्चे के रोने की आवाज से टूट गया। यह जेल में आधी रात को रानी देवकी के आठवें बच्चे, एक पुत्र का जन्म हुआ था।

जैसे ही बच्चे का जन्म हुआ, जेल एक चकाचौंध भरी, अँधेरी रोशनी से भर गया। देखते ही देखते देवकी बेहोश हो गई और वासुदेव मंत्रमुग्ध हो गए। प्रकाश एक गोले में परिवर्तित हो गया और दैवज्ञ की वही आवाज जिसने कंस को डरा दिया, अब वासुदेव से बात की:

"इस बच्चे को यमुना नदी के पार अपने मित्र राजा नंद द्वारा शासित गोकुल राज्य में ले जाओ। उनकी पत्नी रानी यशोदा ने अभी-अभी एक बेटी को जन्म दिया है। इस बच्ची के लिए अपने बेटे को बदल दो और इस बच्चे के जन्म के बारे में किसी को पता चलने से पहले तुरंत जेल लौट जाओ।"

एक शब्द के बिना, उसने अपने बेटे को ओरेकल की सलाह का पालन करने के लिए उठाया। नवजात बच्चे को उसकी माँ से अलग करने के लिए उसे दुख हुआ लेकिन वह जानता था कि उसके पास अपने बेटे को बचाने का कोई दूसरा रास्ता नहीं था।

वासुदेव को भी बहुत संदेह हुआ। बाहर सौ सैनिक इंतजार कर रहे थे। और वह एक अंधेरी, डरावनी रात थी। वह कैसे बाहर जा सकता था, किसी का ध्यान नहीं गया और बेदाग?

लेकिन उसने जो देखा वह उसे बहुत हैरान कर गया। उनके सभी सवालों के एक-एक कर जवाब दिए गए। जैसे ही वह बच्चे को गोद में लेकर गेट के पास पहुंचा, जेल के दरवाजे अपने आप खुल गए। वह धीरे-धीरे बाहर आया और पाया कि सभी पहरेदार कृत्रिम निद्रावस्था में थे।

वासुदेव ने मथुरा छोड़ दिया और जल्द ही यमुना नदी के तट पर पहुंच गए। तेज हवाओं और बारिश के कारण नदी सफेद उबल रही थी और गुस्से से उबल रही थी। यह जीवित लग रहा था और इसमें पैर रखने वाले पहले व्यक्ति को खा जाने के लिए तैयार था!

पिता ने अपने नवजात शिशु के चेहरे की ओर देखा और संदेह से झिझक गए। मानो नदी को उसके भय का आभास हो गया हो, उबलना शांत हो गया हो। लेकिन फिर भी उसे आगे बढ़ना पड़ा। फिर एक चमत्कार हुआ। जैसे ही भगवान के पैर नदी में विसर्जित हुए, प्रवाह सामान्य हो गया और यमुना ने भगवान के लिए रास्ता बना लिया। वासुदेव ने अपने आश्चर्य के लिए, एक विशाल काले सांप को अपने पीछे पानी से अपना सिर उठाते हुए देखा। वह पहले तो अपनी बुद्धि से डर गया था, लेकिन जल्द ही उसे एहसास हुआ कि इससे कोई नुकसान नहीं हुआ जब उसने नवजात शिशु को बारिश से बचाने के लिए सर्प को छतरी की तरह अपना फन खड़ा करते देखा। यह सांप कोई और नहीं बल्कि शेषनाग, नाग-देवता थे, जिन्हें भगवान विष्णु की छत्रछाया के रूप में जाना जाता है। ग्रंथों में उल्लेख है कि कृष्ण भगवान विष्णु के आठवें अवतार थे।

वासुदेव ने और देर न की और बड़ी मुश्किल से कमर-गहरे पानी में आगे बढ़े। लेकिन अंत में, पूरी तरह से अपनी आँखों पर विश्वास न करते हुए, वासुदेव नदी के विपरीत तट को सुरक्षित रूप से पार करने में सक्षम थे और गोकुल के गाँव में प्रवेश कर गए।

श्रीकृष्ण की बांसुरी आधी रात हो चुकी थी और गोकुल के लोग गहरी नींद सो रहे थे। इस प्रकार, वासुदेव को राजा नंद के महल में प्रवेश करने में कोई परेशानी नहीं हुई, क्योंकि महल के दरवाजे हमेशा की तरह खुले हुए थे। कंस के विपरीत, नंद एक निष्पक्ष राजा थे और उनके शासनकाल के लोग रात में घुसपैठियों या चोरों से डरते नहीं थे।

वासुदेव को इस समय तक कुछ अंदाजा हो गया था कि उनका बच्चा वास्तव में कोई खास है, यह एक दिव्य बच्चा था। उसके सारे डर दूर हो गए क्योंकि वह समझ गया था कि जब वह यहां तक पहुंच जाएगा, तो वह निश्चित रूप से अपनी बाकी की यात्रा को पूरा करने में सक्षम होगा। और वही हुआ।

कुछ ही देर में वासुदेव अपने मित्र के महल में पहुँच गए। धीरे से चलकर वासुदेव रानी यशोदा के घर में प्रवेश कर गए। वह अपने बिस्तर पर चैन से सो रही थी और बगल में उसकी बच्ची जाग रही थी, दरवाजे की तरफ देख रही थी। यह लगभग वैसा ही था जैसे वह उसके आने की उम्मीद कर रही थी!

वासुदेव ने यशोदा की बच्ची को अपने दूसरे हाथ में पकड़ लिया और अपने बेटे को यशोदा के बगल में खाली जगह में रख दिया। वासुदेव ने अपनी आँखों में आँसू लेकर अपने पुत्र के माथे को चूमा। "अलविदा, मेरे बेटे," वह फुसफुसाए। फिर बिना पीछे देखे उन्होंने गोकुल को नंदा की बेटी को गोद में लेकर छोड़ दिया।

शेषनाग ने पहले की तरह उसकी सहायता की, वासुदेव बालिका के साथ जेल लौट आए। उसने अपने अंधेरे कक्ष में प्रवेश किया और बच्चे को देवकी के बगल में रख दिया। जैसे ही बच्चे ने अपनी पीठ पर सख्त फर्श महसूस किया, उसने अपना मुंह खोला और जोर-जोर से रोने लगी।

क्लैनंक !!! जेल के दरवाजे बंद हो गए। पहरेदार अचानक नींद से जागे और उन्हें पता चला कि एक बच्चे का जन्म हुआ है। वे उसे खबर देने के लिए कंस के पास पहुंचे। कंस का वध करने वाली आठवीं संतान का जन्म हुआ!

दुष्ट राजा अपने भतीजे के जन्म के बारे में सुनकर प्रसन्न और भयभीत दोनों था। वह प्रसन्न था कि वह अपनी बहन की आठवीं संतान को अंत में मार सकता है और उसे इस बात का भी डर था कि कहीं वह ऐसा न कर सके।

लेकिन अपने सभी डरों को दूर करते हुए, वह उस बच्चे को मारने के लिए महल की काल कोठरी में चला गया, जिसे उसका हत्यारा कहा जाता था। वह बड़े गुस्से में काल कोठरी में पहुँच गया। महल के पहरेदार उसके क्रोधित चेहरे पर कांपने लगे। कंस ने उस कोठरी में प्रवेश किया जहाँ उसकी बहन और उसका पति पिछले नौ वर्षों से रह रहे थे।

"वह कहाँ है?" वह अब जागृत देवकी पर दहाड़ता है। "मेरा कातिल कहाँ है?"

वासुदेव द्वारा बच्चों को बदलने के बाद ही देवकी को होश आया था और इसलिए, उसने सोचा कि उसकी आठवीं संतान एक बेटी है। उसने अपने भाई से अपील की, "हे कंस, मेरे भाई- मेरी आठवीं संतान एक लड़की है, न कि वह बेटा जिसके बारे में ओरेकल ने आपको चेतावनी दी थी। वह आपको कैसे नुकसान पहुंचा सकती है? कोई रास्ता नहीं वह कर सकती है। कृपया अपनी एकमात्र भतीजी को जीवित रहने दें। !"

कंस ने हमेशा की तरह उसकी पुकार को अनसुना कर दिया। वह अपने जीवन को दुनिया की किसी भी चीज से ज्यादा प्यार करता था। उसके जीवन के प्रति प्रेम ने उसके सामान्य

ज्ञान को धूमिल कर दिया था और वह अपने कातिल के लड़के होने के बारे में ओरेकल की चेतावनी को भूल गया था। अंध क्रोध में कंस ने देवकी की गोद से बच्ची को छीन लिया और बच्चे को कारागार की दीवार पर पटक दिया।

लेकिन इस बार बच्चा नहीं मरा; इसके बजाय, वह उड़ गई और एक सेकंड के लिए हवा में लटकी रही, जिससे वहां मौजूद सभी लोग चकित रह गए। तब जेल एक बार फिर से चकाचौंध भरी रोशनी से भर गया। कंस ने प्रकाश की तीव्रता से अपना चेहरा ढक लिया। जैसे ही प्रकाश कम हुआ, उन्होंने महसूस किया कि बच्चा एक क्रूर देवी में बदल गया है!

वह देवी दुर्गा के आठ भुजाओं वाले रूप के रूप में कंस के सिर से ऊपर उठीं। चमकीले वस्त्र और चकाचौंध भरे गहनों से सजी, वह एक ही समय में भयानक और दिव्य लग रही थी।

देवी ने व्याकुल कंस को तिरस्कार और दया से देखा। उसने कहा, "मूर्ख कंस, स्वर्ग और पृथ्वी पर कोई शक्ति नहीं है जो मुझे मार सकती है। तो तुम कैसे हो सकते हो, दुष्ट प्राणी? तुम अगर कर भी सकते हो, तो भी तुम मुझे मारकर कुछ नहीं पाते। क्योंकि तुम्हारा हत्यारा पहले ही पैदा हो चुका है! वह अब ठीक है और एक सुरक्षित जगह पर जीवित है। और एक दिन, वह आपकी तलाश में आएगा और आपको मार डालेगा! आप उसका विरोध नहीं कर सकते, चाहे आप कितनी भी कोशिश कर लें!"

इतना कहकर वह आतंक से त्रस्त कंस को छोड़कर गायब हो गई। घटनाओं के मोड़ से कंस को अपमानित महसूस हुआ। उसने अपने भ्रम में, वासुदेव और देवकी को जेल से मुक्त कर दिया।

तब वासुदेव ने अपनी पत्नी को उस रात जो हुआ वह सुनाया। देवकी, हालांकि अपने बेटे से अलग होने से दुखी थी, लेकिन बच्चे के लिए खुश थी। उन दोनों ने भगवान से प्रार्थना की कि उसका बेटा अपने दुष्ट चाचा कंस के चंगुल में न फंसे।

इस बीच गोकुल में जमकर ठहाके लगे। गोकुल के गोवंशी कबीले कान से मुस्कुरा रहे थे। उनके प्रिय राजा नंदा के घर एक नए बच्चे का जन्म हुआ! सड़कें साफ-सुथरी थीं और घरों को रंगों, झरनों और सुगंधित फूलों से सजाया गया था। पूरे इलाके में उत्सव जैसा नजारा था।

राजा नंदा के घर में सभी लोग खुशी के मूड में थे। नन्द ने बालक का नाम कृष्ण रखा। गोकुल में सभी लोग खुशी से झूम उठे और नंदा के घर बच्चे को देखने और उपहार देने के लिए उमड़ पड़े।

लेकिन यह बात किसी के ध्यान से नहीं बची कि बच्चा किसी आम बच्चे की तरह नहीं है। उसकी त्वचा का रंग गहरा नीला था, जैसा कि मानसून के मौसम में पानी से भरे बादल में देखा जाता है। उसकी आँखें खुशी से चमक उठीं। वह कभी नहीं रोया और हमेशा सबके लिए एक मुस्कान रखता था।

यशोदा को बहुत गर्व हुआ। "आह मेरे बेटे!" वह नन्हे कृष्ण पर प्यार से चिल्लाई। "मेरे प्यारे छोटे बेटे! आप निश्चित रूप से हमारे द्वारा लाड़-प्यार करने वाले हैं!"।

इस तरह भगवान कृष्ण का जन्म हुआ, जो सर्वोच्च भगवान हैं जो सभी के निर्माता हैं। कंस जैसे भयानक अत्याचारियों से सभी को बचाने के लिए उनका जन्म हुआ था। अपने लड़कपन में, वह सभी की आँखों का आकर्षण बन गया - वह जहाँ भी गया, सभी पुरुषों और महिलाओं का दिल जीत लिया। और अपने भाई बलराम के साथ, बाद में वह मथुरा वापस चला गया और कंस को मार डाला।

2

कालिया नाग

यह जंगल में एक शांतिपूर्ण दिन था। कभी-कभी, राजसी पेड़ों की ताजी, हरी पत्तियों से एक कोमल हवा चलती थी, मानो उनके साथ मस्ती से खेल रहे हों। विशाल पीपल के पेड़ों की डालियों पर कोयल के पक्षी खुशी से चहकते थे। तितलियाँ एक-दूसरे का बड़े आनंद से पीछा कर रही थीं और छोटे-छोटे विकेट इधर-उधर कूद रहे थे। ऐसा लग रहा था कि प्रकृति माँ हँस रही है और अपने बच्चों की मस्ती का आनंद ले रही है।

कालिया, घातक सांप और श्रीकृष्ण "Sssssssss ...." यहाँ हम आते हैं !!! "अचानक एक बुरी आवाज उठाई, चारों ओर की खुशी और उल्लास को नष्ट कर दिया।

बहुरंगी कालिया और उसका बच्चा धीरे-धीरे अपने छिपने के स्थान से निकल आया। वे जहरीले प्राणी थे जिन्होंने उसी जमीन को जहर दिया, जिस पर वे फिसले थे। जैसे-जैसे वे आगे बढ़ रहे थे, उनके नीचे की घास काली हो गई और वे जिन पेड़ों से गुज़रे उनका रंग खो गया।

कालिया ने उनके सामने परिदृश्य का सर्वेक्षण किया। "मेरे परिवार के साथ रहने के लिए इससे बेहतर जगह और क्या हो सकती है?" उसने सोचा और मुस्कुराया।

"रुको!" उसने अपने परिवार को आदेश दिया। "यह हमारा नया घर है!"

"नहीं!" हवा रोई, "ऐसा मत करो"। "मैं साँस नहीं ले सकता!" एक हैरान पीपल के पेड़ को विलाप किया। यहां तक कि पेड़ की शाखाओं पर कोयल के पक्षी भी पलट गए और मर गए, क्योंकि आसपास की हवा जहरीली हो गई थी।

और इसलिए यमुना नदी का पूर्वी हिस्सा, बृंदावन गांव के बगल में, धीरे-धीरे मरने लगा।

सुबह का सूरज वृंदावन पर छा गया। यह किसी भी अन्य दिन की तरह था। सब अपने-अपने काम में लग गए। गांव में मुख्य रूप से गाय-झुंड जनजातियां शामिल थीं। वे पास के खेतों और घाटियों में अपनी गायों को चराने जा रहे थे। ग्राम प्रधान नंदा के घर अचानक किसी ने शोर मचा दिया। आस-पास मौजूद सभी लोग दौड़कर मौके पर पहुंचे। लेकिन कोई अंदर नहीं जा सका। नंदा के घर के बाहर जमा भीड़ के बीच उत्सुकता से फुसफुसाहट थी।

कौन था?

यह नंद की पत्नी यशोदा थीं। वह बिस्तर पर बैठ गईं, उसका शरीर डर से कांप रहा था।

"क्या हुआ यशोदा?" नंदा ने चिंता में पूछा।

"ओह डियर, मेरा एक भयानक सपना था," यह सोचकर यशोदा कांप उठी। "एक विशाल सांप ने हमारे छोटे कृष्ण के चारों ओर अपने विशाल शरीर को घेर लिया था ... और ... हे भगवान!"

"यह सिर्फ एक सपना है, यशोदा"। नंदा ने अपनी पत्नी को शांत करने की कोशिश की। लेकिन यशोदा शांत नहीं हुईं। "मुझे देखना है कि क्या मेरा बेटा ठीक है... कृष्ण! मेरे बेटे...तुम कहाँ हो?" उसने पुकारा।

जल्द ही, उसने अपने कमरे के बाहर एक बच्चे के कदमों की गड़गड़ाहट सुनी। नन्हे कृष्ण ने भीतर झाँका।

"यह क्या है, माँ?" उसने पूछा।

"कृष्ण, तुम्हें आज कहीं बाहर नहीं जाना चाहिए, समझे?" यशोदा ने अपने बेटे को परेशान किए बिना धीरे से कहा।

कृष्ण कुछ देर वहीं पड़े रहे। फिर वह रहस्यमय ढंग से मुस्कुराया। यशोदा को ऐसा लग रहा था जैसे उनके मन में कुछ ऐसी योजनाएँ हैं जो किसी भी नश्वर समझ से परे हैं। फिर अपनी मां की बात को अनसुना करते हुए घर से निकल भागा।

"कृष्णा! किशन... मेरे बेटे! वापस आ जाओ... प्लीज।"

कृष्ण बृंदावन की गलियों में तेजी से दौड़े और झील के किनारे ठिकाने पर पहुंचे जहां उनके दोस्तों ने उनका स्वागत किया। फिर वे गेंद से खेलने लगे।

कुछ देर बाद वे थक गए और आराम करने के लिए एक पेड़ पर चढ़ गए। उसके ऊपर एक ट्री हाउस था। कृष्ण और उनके दोस्तों ने इसे विशेष रूप से अपने कारनामों के लिए बनाया था। लेकिन छोटा पेड़ इतना मजबूत नहीं था कि इतने सारे बच्चों को सहारा दे सके और वह उनके वजन के नीचे कराह उठा। कृष्ण को बुरा लगा। "काश हमारे पास ट्री हाउस बनाने के लिए एक बड़ा पेड़ होता। ऐसा लगता है कि हम इसे कुचल रहे हैं!"

"मुझे पता है कि बृंदावन में सबसे बड़ा पेड़ कहाँ है," उनके सबसे करीबी दोस्तों में से एक कुसेला ने कहा। "मैं इसके ऊपर एक ट्री-हाउस बना लेता। लेकिन मेरे पिता ने कहा कि हमें वहां कभी नहीं जाना चाहिए।"

"हमे जरूर!" कृष्ण ने प्रसन्नता से कहा और पूर्व दिशा की ओर भागे। "मैं एक बेहतर ट्रीटॉप ठिकाना बनाना चाहता हूं। और मुझे आपकी मदद चाहिए। क्या आप कृपया मेरे साथ आएंगे?"

कृष्ण अपने सभी दोस्तों से प्यार करते थे, तो उनके पास उनके पीछे चलने के अलावा और क्या विकल्प था?

जल्द ही कृष्ण और उनके दोस्त वृंदावन के जंगलों के पूर्वी हिस्से में पहुंचे। लेकिन वहां जो देखा, उससे वे दंग रह गए। जगह लग रही थी... भूतिया!

बाहरी तौर पर यह जगह काफी चमकीली नजर आ रही थी। झील में बहुत पानी था और पास में एक झरना भी था। लेकिन जब बच्चे पास गए तो उन्होंने बदलाव देखा।

पानी का रंग नीला था। लेकिन झील के चारों ओर की घास अब हरी नहीं थी। काला हो गया था। झील के सामने एक बहुत बड़ा पेड़ था, लेकिन वह मरने के कगार पर था। उसकी कोई पत्तियाँ नहीं थीं और उसकी सभी शाखाएँ काली पड़ गई थीं। ऐसा लग रहा था जैसे पूरी जगह शापित हो गई हो; किसी राक्षसी बुराई ने शाप दिया था। हर जगह एक भयानक सन्नाटा था।

"मुझे यह जगह पसंद नहीं है," उसके एक दोस्त ने कहा। "मुझे वह जगह पसंद नहीं है" उसने दोहराया, "हमें यहाँ बिल्कुल नहीं होना चाहिए! अगर मेरे पिता को इसके बारे में पता चला तो वे नाराज होंगे।"

कृष्ण ने कुछ क्षण सोच-समझकर झील की ओर देखा। फिर वह अपने दोस्तों के पास गया। "ठीक है, अब जब हम यहाँ हैं, चलो कम से कम गेंद खेलते हैं!" उसने कहा और गेंद को पकड़ लिया। उसने उसे कुसेला पर फेंक दिया, जो उसे ठीक से पकड़ने में असमर्थ था और उसे झील में फिसलने दिया। गेंद एक नरम प्लॉप के साथ पानी में गायब हो गई।

मुझे इसे लेने दो," कृष्ण ने कहा और इससे पहले कि उसके दोस्त उसे रोक पाते, वह अजीब पानी के अंदर कूद गया!

कृष्ण यमुना के नीले पानी के नीचे चले गए। किनारे पर, उसके दोस्त चिल्लाए आतंक लेकिन लड़के ने सिर उठाया और वापस चिल्लाया:

"चिंता मत करो, मैं जल्द ही गेंद के साथ वापस आऊंगा!"

पानी बहुत ठंडा लग रहा था और कृष्ण की त्वचा में असहजता से झनझनाहट होने लगी। लेकिन उन्होंने इस भावना को नजरअंदाज कर दिया।

कृष्ण नीचे तैरे और पाया कि सभी पौधे जले हुए और मुड़े हुए थे जैसे कि वे तेजाब में भीग गए हों। पानी के नीचे के पौधों को मृत और काला देखकर उन्हें दुख हुआ। उन्होंने इसके लिए जिम्मेदार व्यक्ति का पता लगाने के लिए चारों ओर देखा।

जैसे ही उसके पैर नीचे से छूए, उसने नदी के किनारे छोटे-छोटे समुद्री जानवरों और मछलियों के कंकाल देखे। पूरे स्थान पर एक अलौकिक सन्नाटा छा गया। यह मृत्यु का राज्य प्रतीत होता था।

अचानक एक अजीब सी आवाज ने कृष्ण के कानों को पकड़ा।ऐसा लग रहा था जैसे कोई फुफकार रहा हो।

"जिसने भी यह किया वह अभी भी यहाँ है," कृष्ण ने सोचा।

मानो उससे सहमत हो, एक विशाल सांप उसके समुद्र के छेद से फिसल रहा हो। कालिया थी। उसके बड़े शरीर को पानी में फिसलते हुए देखना वाकई भयानक था। अपने कई फनों

को छोड़कर, वह फिर से फुफकारा और छोटे लड़के का सामना किया।

सर्प-राजा आश्चर्यचकित तो हुए लेकिन कृष्ण को देखकर प्रसन्न भी हुए। "हम्म, हमारे पास यहाँ क्या है?" उसने मजाकिया अंदाज में पूछा।

"भोजन!" अपने परिवार को कोरस में चिल्लाया, जो उसके पीछे खड़े थे।

"यस्स्स्स्स..." कालिया दुष्ट स्वर में फुफकार उठा। "हमें अक्सर इंसानों का स्वाद चखने को नहीं मिलता! और आप एक सुंदर निवाला की तरह दिखते हैं..."

बिना अपनी बात समाप्त किए कालिया कृष्ण पर झपट पड़े। लड़का, जो इस तरह के कदम की उम्मीद कर रहा था, चतुराई से वापस कूद गया और एक चट्टान के पीछे छिप गया। लेकिन कालिया बिजली की गति से आगे बढ़ा और उसे पकड़ लिया। उन्होंने कृष्ण को घेर लिया और उनके शरीर को कुचलने लगे। कृष्ण, जो लड़ाई का आनंद ले रहे थे, ने अपने शरीर को घुमाया और बाहर निकल गए।

कालिया स्तब्ध रह गई। यह असंभव था। यह मात्र लड़का इतनी आसानी से कैसे फिसल सकता है? कोई भी, चाहे वह कितना भी बड़ा या छोटा क्यों न हो, उसकी घातक पकड़ से कभी नहीं बचा था। कालिया ने अपने जीवन में पहली बार इस तरह की घटना का अनुभव किया था।

इस बीच, कृष्ण चट्टान पर कूद गए और नीचे झुक गए। वह एक चंचल मूड में था और उसने दुष्ट सांप को चिढ़ाने का फैसला किया।

अगर उन्हें पता होता कि उनका विरोधी कौन है, तो कालिया कभी भी कृष्ण को खा जाने की कोशिश करने की हिम्मत नहीं करते। वास्तव में कृष्ण एक दिव्य बालक थे। वह निरपेक्ष, सर्वशक्तिमान ईश्वर के अवतार थे। वह अच्छे लोगों को इनाम देने और दुष्टों को दंड देने के लिए धरती पर आया था।

लेकिन कालिया को यह नहीं पता था और वह कृष्ण को दोपहर के भोजन के रूप में लेने पर तुले हुए थे।

जैसे ही सांप उसे पकड़ने के लिए चट्टान के चारों ओर आया, कृष्ण दूसरी तरफ भागे। अगले कुछ मिनट लुका-छिपी में बिताए गए, जब तक कि थके हुए कालिया ने अपना धैर्य नहीं खो दिया।

"तुम लड़के! तुम एक लड़की की तरह नाचने के बजाय एक आदमी की तरह मेरा सामना क्यों नहीं करते?" वह कृष्ण पर झपटा।

"ओह, मैंने अभी तक नाचना भी शुरू नहीं किया है!" हँसे कृष्ण। "लेकिन चूंकि आप पूछ रहे हैं, मैं आपको दिखाता हूं कि मैं वास्तव में कैसे नृत्य करता हूं ..."

इतना कहकर कृष्ण तेजी से चट्टान पर चढ़ गए और सांप के विशाल हुड पर कूद पड़े। उसने सांप के संवेदनशील सिर पर अपना पैर मजबूती से रखा और नाचने लगा।

और यह कैसा नृत्य था!

कृष्ण के नृत्य करते ही सारा सरोवर कांपने लगा। एनीमोन झील और जले हुए समुद्री पौधे कांपने लगे। ऐसा लग रहा था जैसे उन्होंने अपना सिर हिलाया। कालिया की दुर्दशा पर एक साथ परमानंद में सिर। यहाँ तक कि जीवित बची मछलियाँ भी खड़ी रहीं और उसे कालिया के सिर पर नाचते हुए देखा।

"अरे तुम! मेरे सिर पर नाचना बंद करो, क्या तुम करोगे?" कालिया दर्द से कराह उठी।

कृष्ण ने नृत्य करना बंद कर दिया और कालिया के चेहरे के पास गिर गए। उसके सिर पर वार की बारिश हुई और वह फिर से नाचने के लिए सिर पर चढ़ गया।

कालिया सचमुच डर गई। अब उसे यकीन हो गया था कि छोटा लड़का कोई साधारण बच्चा नहीं था। कृष्ण के पैरों की गड़गड़ाहट बोंग की तरह महसूस हुई! बोंग! उसके सिर पर एक बड़े हथौड़े से। जैसे-जैसे कृष्ण अधिक से अधिक जोश के साथ नृत्य करते गए, सांप ने महसूस किया कि उसका जीवन धीरे-धीरे उसके शरीर से बाहर धकेला जा रहा है।

कालिया की पत्नियों को कालिया के भाग्य की भविष्यवाणी करने की जल्दी थी। "ओह, दिव्य बच्चे, कृपया हमारे पति को मत मारो!" उन्होंने उससे विनती की।

कृष्ण ने उत्तर दिया, "यदि आप सभी इस स्थान को हमेशा के लिए छोड़ने का वादा करते हैं, तो मैं उसे जीवित रहने दूँगा।"

"लेकिन हम यहाँ बहुत सुरक्षित हैं!" कालिया चिल्लाया। "अगर हम अभी बाहर जाते हैं, तो गरुड़ गरुड़ निश्चित रूप से हमें अपने नाश्ते के रूप में लेंगे!"

"रामनाक, नाग-राज्य जाओ," कृष्ण ने वादा किया। "आप और आपके परिवार पर किसी भी पक्षी या जानवर द्वारा हमला नहीं किया जाएगा जब तक आप वहां नहीं पहुंच जाते। यह मेरा आपसे वादा है .. अब तुम जाओ !!"

इस बीच, कृष्ण के दोस्त नंदा के घर वापस भागे और उन्हें कृष्ण की गेंद के लिए पानी के नीचे की खोज के बारे में बताया।

"वह लगभग एक घंटे के लिए पानी के नीचे चला गया है ..." कुसेला रोया, "... और तब से वापस नहीं आया।"

यशोदा फूट-फूट कर रो पड़ी।" मैंने उससे कहा था..." वह रोया," मैंने उसे कहीं न जाने की चेतावनी दी थी... उसने क्यों नहीं सुना? हे कृष्ण, मेरे कन्हैया... मैं तुम्हारा क्या करूँ? ?"

नंदा भी बहुत डरी हुई थी। उसने अन्य गोपालों को जोर से पुकारा। सभी गाँव के लोग दौड़ पड़े और अपने मुखिया के पीछे हो लिए। जल्द ही नंदा, यशोधा और गाँव के सभी लोग यमुना के काले जंगल में अपने आप को पा गए।

छोटे लड़के का कहीं कोई अता-पता नहीं था। हर तरफ सिर्फ एक मौत का सन्नाटा छाया हुआ था।

"कृष्ण... मेरे बेटे। तुम कहाँ हो?" नंदा रोया, "बाहर आओ! कृपया!"

अचानक झील का पानी बुदबुदाया और जंगल के सबसे ऊंचे पेड़ से ऊपर उठ गया। गोपाल वापस चले गए और वे सभी विस्मय और भय से देख रहे थे जैसे ही कृष्ण बाहर आए,

एक विशाल सांप के ऊपर नृत्य कर रहे थे!

कृष्ण के तट पर उतरते ही सांप ने सम्मान में अपना सिर झुका लिया। यशोदा और नंदा उसे गले लगाने के लिए दौड़ पड़े।

कृष्ण के वचन से संतुष्ट, कालिया ने अपने बच्चे को इकट्ठा किया और उसी दिन यमुना को छोड़ दिया। कृष्ण ने जो कहा था, उसके अनुसार, रामनाका के रास्ते में न तो पक्षियों और न ही जानवरों ने सांप परिवार पर हमला किया। उनकी यात्रा सुरक्षित और स्वस्थ थी।

नदी ने अपनी पुरानी समृद्धि हासिल कर ली और कृष्णा ने झील के सामने हरे-भरे पेड़ पर अपना ट्री हाउस बनाया। उनकी स्थिति अधिक थी अपने सभी दोस्तों की नजर में पहले से कहीं ज्यादा। सभी लड़के समझ गए कि कृष्ण कोई साधारण बालक नहीं हैं। उसकी हरकतों की कहानी दूर-दूर तक फैल गई।

लेकिन उनमें से किसी का भी छोटे भगवान पर कोई प्रभाव नहीं पड़ा, जो अपनी माँ की रसोई से मक्खन चुराकर उसका आनंद लेने में संतुष्ट लग रहा था। उसकी आँखें शरारत से टिमटिमा रही थीं और उसके विचार मानवीय समझ के दायरे से बाहर की चीजों पर बसे हुए थे।

3

कंस

"आपका आठवां पुत्र जीवित है! उसका नाम कृष्ण है और वह वृंदावन में है!" कंस ने बड़े क्रोध में कहा। उनकी बहन देवकी और उनके पति वासुदेव उनके भयानक चेहरे के सामने कांपने लगे।

कंस ने आगे कहा, "तुम दोनों ने मुझे लंबे समय तक बरगलाया है।" "लेकिन अब और नहीं। अब मैं उस बच्चे को मारूंगा और फिर, मैं तुम दोनों को मार डालूंगा! मैंने तुम दोनों को मुक्त कर दिया था। लेकिन अब मैं तुम्हें वापस जेल भेजूंगा। तुम अपनी मृत्यु तक वहीं रहोगे।"

इस जोरदार घोषणा के साथ, उसने अपने सैनिकों को दंपति को गिरफ्तार करने और शाही जेल में सलाखों के पीछे डालने का आदेश दिया।

उनके जीवन के नौ साल सलाखों के पीछे बिताए गए थे। अब उनके बच्चे के जीवित रहने की खोज ने उन्हें फिर से जेल में डाल दिया। अश्रुपूर्ण युगल एक दूसरे को दिलासा दिया और उस दिन की प्रतीक्षा की जब अत्याचारी राजा उनके पुत्र द्वारा मारा जाएगा।

अब कई साल हो गए थे जब ओरेकल ने कंस को चेतावनी दी थी कि उसकी बहन देवकी की आठवीं संतान उसे मार डालेगी। अपने सात पुत्रों को नष्ट करने के बाद, कंस ने अपनी बहन और उसके पति वासुदेव को छोड़ दिया था जब आठवीं संतान बेटी हुई थी।

लेकिन अब, यह पता चला कि उसका भतीजा वृंदावन में जीवित और स्वस्थ था; कंस ने देवकी और उसके पति को फिर से कैद कर लिया और अपने निजी कक्षों में लौट आया।

"कुटक!" कंस ने अपनी गरजती आवाज में गुर्राया। "केशी कहाँ है? मुझे उसे उस बच्चे को मारने के लिए भेजे हुए दो दिन हो गए हैं। वह कहाँ है?"

"केशी... कृष्ण द्वारा मारा गया, मेरे भगवान," पहला मंत्री डर से कांप गया, यहां तक कि उसने जवाब दिया, क्योंकि वह राजा के क्रोध को अच्छी तरह से जानता था।

"व्हाट्सएट !!!" कंस गर्जना। "मेरा पसंदीदा नौकर केशी? मर गया? लेकिन ऐसा कैसे हो सकता है? क्या वह लड़का इतना शक्तिशाली है?" उसने डर और रोष में कूटक से पूछा।

"हाँ मेरे भगवान, वह है...वह है... तो! वास्तव में!" मंत्री को बड़बड़ाया। "वह जन्म से ही जादुई शक्तियों से धन्य प्रतीत होता है, मेरे भगवान। अब हम जानते हैं कि कृष्ण को सामान्य तरीकों से मारना असंभव है। इसलिए हमें चालाकी का सहारा लेना चाहिए और उन्हें मथुरा में लाना चाहिए।"

कंस के मन में धीरे-धीरे एक भयानक भय व्याप्त हो गया था। उसे हमेशा इस बात का डर सताता रहता था कि कहीं ओरेकल की बात सच हो जाए और वह अपने भतीजे को मार न पाए। लेकिन उन्हें सबसे शक्तिशाली शासक, सभी का स्वामी माना जाता था। वह अपना डर कैसे दिखा सकता था? अपने डर को निगलते हुए, कूटक ने जारी रखा, "जो तलवार से हासिल नहीं होता है वह शब्दों से पूरा किया जा सकता है। अपने चचेरे भाई अक्रूर को बुलाओ, और उसे वृंदावन जाने और कृष्ण को मथुरा आने के लिए कहने का आदेश दें। वह शब्दों के साथ बुद्धिमान है और निश्चित रूप से होगा कृष्ण को प्रसन्न करने और उन्हें बिना किसी संदेह के यहां लाने में सक्षम। बाकी सब आसान हो जाएगा। एक बार लड़का यहाँ है, हम उसे आसानी से मार सकते हैं।"

कंस ने कुछ मिनट सोचा। "हाँ, यह बस काम कर सकता है," वह सहमत हो गया और अपने चचेरे भाई को बुलाया। उसने अक्रूर को अपनी योजना समझाई और उसे वृंदावन भेज दिया। लेकिन उन्हें कम ही पता था कि अक्रूर कृष्ण के बहुत बड़े भक्त थे!

अक्रूर ने एक पल भी बर्बाद नहीं किया। बड़ी चिंता के साथ वे वृंदावन के लिए निकल पड़े। वहां जाकर उन्होंने तुरंत कृष्ण को कंस के बुरे इरादों के बारे में बताया।

कृष्ण हंस पड़े। उन्होंने कहा, "ऐसा लगता है कि कंस मरने के लिए बहुत उत्सुक है," उन्होंने कहा, "वह मृत्यु को अपने पास आने के लिए आमंत्रित कर रहा है, बजाय इसके कि वह धैर्यपूर्वक प्रतीक्षा करें। अगर वह यही चाहता है, तो उसे रहने दो। हम सब चलते हैं। मथुरा के लिए!"

कृष्ण ने अपने माता-पिता का आशीर्वाद लिया, जिन्होंने बहुत झिझक के बाद अपनी सहमति दी। यद्यपि वे जानते थे कि उनके पुत्र कोई साधारण नश्वर नहीं थे, उनके पुत्रों को किसी भी प्रकार की हानि के विचार ने उन्हें बहुत चिंतित कर दिया।

कृष्ण ने वृंदावन को अक्रूर के साथ छोड़ दिया और अपने भाई बलराम के साथ अपने चाचाओं के राज्य की यात्रा की। कृष्ण की यात्रा की खबर मथुरा में फैल गई। तो हर तरफ कौतूहल, उत्साह और उल्लास था।

इस बीच, कंस अपने भतीजे को खत्म करने की योजना बना रहा था। अचानक उसे विचार आया।

"क्या पागल हाथी कुवलयापिड़ा जाग रहा है?" उसने कूटका से पूछा।

"हाँ मेरे प्रभु।" कूटका ने उत्तर दिया। "वह सुरक्षित रूप से जंजीर से बंधा हुआ है लेकिन वह मुक्त होने की कोशिश कर रहा है।"

"तो उसे गलियों में आज़ाद कर दो!" कंसा फुसफुसाए। "उसे दो जवान भाइयों को मारने दो!" वह पागल हो गया।

कूटक ने चुपचाप राजा के आदेश का पालन किया, और हाथी को उसकी इच्छा के विरुद्ध सड़कों पर छोड़ दिया। क्योंकि वह भी नहीं चाहता था कि कृष्ण और बलराम मरें। लेकिन राजा के क्रोध के विचार ने उसे कुछ और ही करने पर मजबूर कर दिया।

जैसे ही पागल कुवलयापिडा मुक्त हुआ, उसने अपने रास्ते में आने वाली हर चीज को नष्ट करना शुरू कर दिया। लोग डर के मारे चीख पड़े और अपनी जान बचाकर भागे।

अचानक, कुवलयापिड़ा ने मुख्य सड़क के बीच में एक नीली चमड़ी वाले युवक को खड़ा देखा। युवा थे कृष्ण। हाथी उसकी ओर दौड़ा। जैसे ही वह उसके पास पहुंचा, कृष्ण ने उसकी तलवार ली और उसकी सूंड काट दी। पागल जानवर दर्द से कराह उठा, गिर पड़ा और मर गया।

मथुरा के लोग कृष्ण की वीरता पर अचंभित थे। उन्होंने उसका नाम पुकारा और ऊँचे स्वर से उसकी स्तुति की। शहर की बूढ़ी महिलाओं ने दोनों को आशीर्वाद दिया भाइयों और युवतियों ने उन पर फूल फेंके।

"जय कृष्ण! जय बलराम!" लोगों को रोया, "दोनों के लिए चीयर्स!"

"वे हमें कैसे प्यार करते हैं!" मुस्कुराते हुए बलराम ने कहा।

"हाँ, लेकिन इसे अपने सिर पर मत जाने दो, भाई। हम अभी भी खतरे से घिरे हुए हैं," कृष्ण ने चेतावनी दी

4

इंद्र और कृष्ण

भारत देश में एक छोटा सा कस्बा है जिसे बृंदावन कहा जाता है। यह एक प्रसिद्ध और बहुत पवित्र स्थान है क्योंकि यह भगवान कृष्ण के जन्म से जुड़ा हुआ है। वहाँ 5000 साल पहले पवित्र भगवान का जन्म हुआ था। दुष्टों को दण्ड देने और भलाई की रक्षा करने के लिए उनका जन्म एक साधारण मनुष्य के रूप में पृथ्वी पर हुआ था।

बरसात का मौसम था। काले बादलों के पीछे सूरज मंद-मंद मुस्कुरा रहा था। बृंदावन, तब एक आकर्षक गाँव, स्वस्थ, हरी-भरी वनस्पतियों और लोगों के लिए भरपूर बारिश के साथ एक हरे-भरे स्वर्ग में तब्दील हो गया था। गांव के सभी लोग खुश थे।

कृष्ण एक शुरुआत के साथ जाग गए। अभी सुबह नहीं हुई थी, लेकिन सड़कों से आने वाली आवाज़ें इतनी तेज़ और शोरगुल वाली थीं कि किसी को जगाया जा सकता था। जिज्ञासु, वह उठा और अपनी खिड़की से बाहर झाँका।

उनके घर के आगे भीड़ जमा हो गई थी। कई पुरुष और महिलाएं सड़कों की सफाई कर रहे थे। सड़कों को मालाओं और दीपों से सजाया जा रहा था।

कृष्ण को यह नजारा देखकर आश्चर्य हुआ, जैसा कि उन्होंने अपने जन्म से ही देखा था कि बरसात के मौसम में गांव वाले देर रात तक सोते हैं।

"आज त्योहार है? या कोई शादी कर रहा है?" उसने आश्चर्य किया। लेकिन उन्हें ऐसा कोई अवसर याद नहीं आया।

वह घर से नदी में नहाने के लिए निकला था। वापस आते समय, उसने अपने पिता नंदा को गलियों में आदमियों की देखरेख करते देखा।

"पिताजी, सड़कों पर क्या हो रहा है?" कृष्ण ने अपने पिता से पूछा।

नंदा ने कहा, "गोपाल भगवान इंद्र की पूजा के लिए एक त्योहार मनाने की तैयारी कर रहे हैं।" "इस साल, अधिक उदार वर्षा हुई है और हर कोई उपजाऊ फसलों से खुश है। चूंकि इंद्र बारिश के देवता हैं, इसलिए हमें उनके आशीर्वाद में इतने दयालु होने के लिए उन्हें धन्यवाद देना चाहिए!"

"आप कैसे कहते हैं कि भगवान इंद्र हैं जो बारिश कर रहे हैं, पिता?" कृष्ण ने असहमति में मुंह फेर लिया।

नंदा ने अपने बेटे की ओर देखा।

"बेशक, यह इंद्र है जो बारिश का कारण बन रहा है, बेटा। वह निश्चित रूप से हमारे अच्छे भाग्य का कारण है। वह बादलों का देवता है और वह उन पर शासन करता है ... इसलिए वह वह है जिसने हमें इस साल अच्छी बारिश का आशीर्वाद दिया है, "उसने अपने बेटे को झिझकते हुए जवाब दिया।

"नहीं पापा!" कृष्ण को दृढ़ता से मना कर दिया, "तुम सब गलत हो। गोवर्धन पर्वत हमारा असली दोस्त है। ऊपर बादलों से ज्यादा, हमारे गांव में पहाड़ ने हमारी मदद की है।"

"आप ऐसा कैसे कह सकते हैं?" नन्द ने अपने पुत्र को अविश्वास की दृष्टि से देखते हुए पूछा।

"उपजाऊ पर्वत हवा में संकेत भेजता है और बादल बनाता है जो वृंदावन पर बहते हैं और हमें बारिश देते हैं।" कृष्ण ने उत्तर दिया। "तो हम किसकी स्तुति और पूजा करें? इंद्र नहीं, बल्कि गोवर्धन!"

काम पर मौजूद नंदा और अन्य गोपाल आश्चर्य से हांफने लगे। कैसे कृष्ण बादलों के भगवान इंद्र को बर्खास्त कर सकते थे और उन्हें इसके बजाय केवल एक पर्वत की पूजा करने का निर्देश दे सकते थे! यह पहली बार था जब उन्होंने इस तरह की बात सुनी।

"हाँ, पिताजी," लड़के ने जारी रखा। "जादुई जड़ी बूटियों और पौधों के रूप में हमें कौन दवा देता है? हमें अपने शिखर के ऊपर से स्वच्छ पानी और हवा कौन भेजता है? "और कौन हमें हमारी गायों के लिए अच्छी घास देता है, ताकि वे हमें शहद से मीठा दूध दें? यह गोवर्धन है!"

गोपालों के प्रारंभिक आश्चर्य और संदेह दूर होने लगे थे। वे अब कृष्ण की बात देखने लगे।

"तो हमें पहाड़ की पूजा क्यों नहीं करनी चाहिए?" कृष्ण जारी रहे। "स्वर्ग में आराम से रहने वाले किसी देवता के बजाय, जो हमारे ठीक सामने है, उसे धन्यवाद देना बुद्धिमानी है।"

कृष्ण की बात सुनकर गोपाल पूरी तरह आश्वस्त हो गए। वे सभी उस वर्ष भगवान इंद्र के बजाय गोवर्धन की पूजा करने के लिए सहमत हुए। लेकिन नंद आशंकित थे, क्योंकि उन्हें डर था कि वफादारी के इस बदलाव से उन पर भगवान का क्रोध भड़क सकता है।

और उसका डर सच हो गया। आकाश में, भगवान इंद्र क्रोध और क्रोध में यह वार्तालाप सुन रहे थे। "ताकि उस छोटे से चरवाहे लड़के ने मेरे सम्मान में समारोहों को रोक दिया हो!" उसने गुस्से में सोचा।

गोवर्धन की पूजा करने के गोपालों के निर्णय से भगवान इंद्र के अभिमान का अपमान हुआ था, उनके बजाय। अपने क्रोध में, उसने वृंदावन के लोगों को दंडित करने का फैसला

किया।

"इन सभी वर्षों में मैंने उनकी याचिका सुनी है और उन्हें समृद्ध होने में मदद की है। और क्या मुझे बदले में यही मिलता है? यह समय है कि वे जानते हैं कि असली भगवान कौन है! मैं वृंदावन में सबसे खतरनाक बारिश और आंधी भेजूंगा," उन्होंने कहा। क्रूरता से सोचा। "वे वृंदावन के पूरे गांव को नष्ट कर देंगे। उन्हें देखने दो कि उन्हें कौन बचाता है!"

उन्होंने जो सोचा था वह जल्द ही कार्रवाई में महसूस किया। अपनी दैवीय शक्तियों का उपयोग करते हुए, भगवान इंद्र ने बादलों का निर्माण किया जो मध्यरात्रि के आकाश से भी गहरे रंग के प्रतीत होते थे। वे शैतानी और डरावने लग रहे थे।

"जाओ और वृंदावन को नष्ट करो!" उसने आदेश दिया।

और उन्होंने अपने स्वामी की आज्ञा मानी। बिना किसी देरी के, उन्होंने बादलों की एक खतरनाक सेना बनाने के लिए एक साथ समूह बनाया और उस गाँव की ओर दौड़ पड़े जहाँ कृष्ण और कई निर्दोष परिवार रहते थे।

"यह उनके लिए पर्याप्त होगा" इंद्र ने सोचा और जोर से हंसे।

स्वादिष्ट लंच के बाद बृंदावन के लोग अपने घरों में सो रहे थे. अचानक उन्हें एक भयानक आवाज सुनाई दी।

क्रैसएसएसएसएसएसएसएसएचएचएचएचएचएच !!!

सभी घबरा गए और अपने घरों से बाहर निकल आए। उन्होंने बाहर जो देखा उसने उनकी सांसें रोक लीं।

वृंदावन में दोपहर थी, लेकिन कोई नहीं कह सकता था कि ऐसा था। पूरे गांव में अंधेरा छा गया था।

5

कंस या पूतना

कंस जानता था कि भविष्यवाणी के अनुसार आठवां बच्चा उसका कातिल होगा। जब देवकी की आठवीं संतान हुई तो कंस तुरंत कारागार पहुंचा और देवकी से बालक को छीन लिया। यह वास्तव में देवी योगमाया थी। वह कंस पर उसकी मूर्खता के लिए हँसी और उसे बताया कि उसका हत्यारा पैदा हुआ था और गोकुल में रह रहा था।

कंस बहुत क्रोधित हुआ और उसने अपने आदमियों को आदेश दिया कि वे उसी दिन पैदा हुए सभी बच्चों को कृष्ण के रूप में मार दें, लेकिन वे लोग खाली हाथ लौट आए। अंत में कंस ने राक्षसों की रानी पूतना को कृष्ण को मारने के लिए भेजा। उसने उसे जहरीला दूध पिलाकर मारने की योजना बनाई।

नंदा के घर के आंगन में चारपाई में कृष्ण लेटे हुए थे। पूतना ने एक सुंदर युवती का रूप धारण किया और वहां से गुजर रही थी। जब उसने कृष्ण को देखा, तो उसने उसे लेने की अनुमति मांगी। उसने उसे खिलाने के लिए अपना स्तन दिया और कृष्ण ने उसका जीवन चूस लिया।

6

कंस मारा गया

अंत में, कंस ने कृष्ण और बलराम को मारने के लिए प्रसिद्ध पहलवानों केनुरा और मुस्तिका को पाने का फैसला किया। भाइयों को शक्तिशाली पहलवानों से लड़ते देखने के लिए हजारों की संख्या में लोग एकत्रित हुए। कृष्ण और बलराम कठोर पहलवानों के सामने नाजुक दिखाई दिए, लेकिन उन्होंने अपने शरीर को इतनी ताकत से धक्का दिया, मुक्का मारा और मोड़ दिया कि कनुरा और मुस्तिका मिनटों में मौके पर ही मर गए।

भीड़ के जयकारे लगाते ही कंस ने गुस्से में आकर दोनों भाइयों को शहर से बाहर निकालने का आदेश दिया। कंस की इस तरह बात सुनकर कृष्ण बहुत क्रोधित हुए। वह कंस की ओर मुड़ा और उसकी ओर दौड़ा। कंस ने तलवार खींची और कृष्ण पर आक्रमण कर दिया। खाली हाथ लड़ते हुए, कृष्ण ने कंस के लंबे बालों को पकड़ लिया और उसे अपनी शक्तिशाली मुट्ठी से चिपका दिया। कंस तुरंत गिर गया और मर गया। भीड़ ने दहाड़ लगाई और जश्न मनाया क्योंकि उन्होंने क्रूर राजा को अंतिम सांस लेते देखा।

7

भगवान राम का जन्म हुआ

राजा दशरथ दुखी थे क्योंकि उनके पास सिंहासन का कोई उत्तराधिकारी नहीं था। एक दिन ऋषि वशिष्ठ ने राजा से अश्वमेध यज्ञ करने को कहा।

इस बीच, रावण, ब्रह्मा से अमरता का वरदान प्राप्त कर चुका था, और स्वर्ग और पृथ्वी पर तबाही मचा रहा था। देवताओं ने विष्णु से उससे छुटकारा पाने की अपील की।

जब यज्ञ चल रहा था, तब एक शानदार आकृति उठी और राजा दशरथ को पायसम का एक कटोरा दिया, एक चावल का हलवा जो देवताओं को प्रसाद के रूप में तैयार किया गया था।

राजा ने अपनी तीन पत्नियों - कौशल्या, कैकेयी और सुमित्रा में से प्रत्येक को पायसम दिया।

जल्द ही, रानियों ने सुंदर लड़कों को जन्म दिया। भगवान राम, विष्णु के अवतार, कौशल्या से पैदा हुए थे; भारत से कैकेयी; और लक्ष्मण और शत्रुघ्न सुमित्रा को।

8

श्री राम और लक्ष्मण

राजा दशरथ के बच्चों को महान ऋषि वशिष्ठ ने पढ़ाया था। हालांकि चारों बहुत उज्ज्वल थे, राम सबसे अच्छे और सबसे प्यारे थे।

एक दिन ऋषि विश्वमित्र राजा दशरथ के पास आए और उन्हें बताया कि मारीच और एक सुबाहू नाम के दो राक्षस ऋषियों को परेशान कर रहे हैं। उन्होंने राजा दशरथ से अपने वीर पुत्रों, राम और लक्ष्मण को दो राक्षसों से लड़ने और ऋषियों को उनके अनुष्ठान करने में सक्षम बनाने के लिए भेजने के लिए कहा। राजा दशरथ ने ऋषि के साथ राम और लक्ष्मण को दंडका के जंगल में भेजा।

जब रस्में चल रही थीं तो भाइयों ने ऋषि की कुटिया के बाहर कड़ी निगरानी रखी। पांच दिन बीत गए शांति से लेकिन छठे दिन की सुबह एक गड़गड़ाहट सुनाई दी। सभी ने आकाश में बादलों से घिरी राक्षसों की एक सेना को देखा। राम ने मारीच को निशाना बनाया और समुद्र में फेंक दिया। सुबाहू पर अगली गोली मारकर राक्षस को तुरंत मार डाला। फिर दोनों भाइयों ने बाकी सेना को आसानी से हरा दिया।

9

भगवान राम और गिलहरी

सीता को रावण के चंगुल से बचाने के लिए राम पुल पार करके लंका जाना चाहते थे। वह समुद्र देवता से प्रार्थना करने बैठ गया। समुद्र देवता, समुद्र, समुद्र की गहराई से उठे और राम से समुद्र के पार एक पुल बनाने के लिए कहा।

सभी बंदर पत्थर डालकर पुल बनाने में जुट गए। एक नन्ही गिलहरी अपने बिल से सब कुछ देख रही थी। उन्होंने राम की मदद करने का फैसला किया। उसने रेत उठानी शुरू कर दी और टहनियाँ बिखेर दीं और किनारे से समुद्र की ओर आगे-पीछे भागा। धीरे-धीरे गिलहरी ने पूरा ढेर इकट्ठा कर लिया था।

राम ने इस नन्हे प्राणी के समर्पण को देखा। उसे अपनी हथेली पर उठाकर, उसने अपनी तीन अंगुलियों से जानवर को गर्मजोशी से सहलाया। तभी से यह माना जाता है कि गिलहरी के शरीर पर तीन रेखाएं होती हैं।

10

श्री राम ने समुद्र पार किया

समुद्र पार करने और लंका जाने के लिए, राम ने पानी के माध्यम से अपने बाण चलाए। समुद्र देवता, समुद्र राम के सामने प्रकट हुए। हाथ जोड़कर उन्होंने कहा कि अगर समुद्र सूख गया तो प्राकृतिक संतुलन प्रभावित होगा। उन्होंने सुझाव दिया कि राम को विश्वकर्मा के योग्य पुत्र नल और सुग्रीव की सेना में एक सैनिक से पुल बनाने के लिए परामर्श लेना चाहिए। तद्नुसार नल ने निर्माण के लिए एक योजना तैयार की। सभी बंदरों ने मिलकर पुल बनाया। मंच के निर्माण के लिए बड़े पेड़, बांस, विशाल चट्टानें और बहुत सारी रेत का उपयोग किया गया था।

जब नल ने पुल का निर्माण समाप्त किया, तो समुद्र सहित सभी देवता भी इसे देखने आए। उन्होंने उसके काम की प्रशंसा की और उस पर पंखुड़ियों की वर्षा की। एक बार जब इसका निर्माण हो गया, तो समुद्र ने राम को आश्वासन दिया कि जब बंदर ब्रिगेड पुल पार करेगा तो वह अपना पानी स्थिर रखेगा। समुद्र शांत हो गया। तब राम और वानरों की विशाल सेना के पुल को पार करने का समय था।

सुग्रीव ने राम से कहा, "हनुमान और अंगद आपको और लक्ष्मण को अपनी पीठ पर ले चलते हैं, जबकि बाकी सेना चलती है।" सुग्रीव के सुझाव से सहमत होकर, राम और लक्ष्मण हनुमान और अंगद के मजबूत कंधों पर चढ़ गए। एक बार जब राम और लक्ष्मण को पार किया गया, तो बंदरों की विशाल बटालियन ने पीछा किया। कुछ कूद गए, कुछ चिल्लाए, जबकि अन्य ने नृत्य किया क्योंकि वे बहादुरी से लंका की ओर बढ़ रहे थे।

11

भगवान राम ने शम्भुकी का वध किया

एक दिन, एक बूढ़ा ब्राह्मण अपने बेटे के शव को लेकर राम के दरबार में आया। वह रो रहा था और अपने पांच साल के बेटे की मौत के लिए राम को दोष देने लगा। ब्राह्मण ने कहा कि उसने अपने जीवन में कभी कोई पाप नहीं किया था और समझ नहीं पा रहा था कि उसका बेटा इतनी कम उम्र में क्यों मर गया। उन्हें विश्वास था कि राम द्वारा किए गए कुछ पापों के परिणामस्वरूप उनके पुत्र की मृत्यु हुई होगी।

राम बहुत दुखी हुए और उन्होंने ऋषि वशिष्ठ को बुलाया। ऋषि ने उसे बताया कि शंबुक नाम का एक अछूत व्यक्ति बहुत शक्तिशाली तपस्या कर रहा था, जिसे करने की उसे अनुमति नहीं थी। अगर उसे दंडित किया गया, तो छोटा लड़का फिर से जीवित हो जाएगा। राम तुरंत शंबुक की खोज में निकल पड़े।

अंत में, राम ने शंबुक को जंगल में एक नदी के पास प्रार्थना करते हुए पाया। जब शंबुक ने अपनी पहचान प्रकट की, राम ने अपनी तलवार निकाली और शंबुक का सिर काट दिया और छोटा लड़का फिर से जीवित हो गया।

12

सीता से मिले श्रीराम

राम ने सीता को वाटिका से लाने के लिए हनुमान को भेजा।

जब वह राम के सामने पहुंची, तो खुशी के आंसू उसके गालों पर लुढ़क गए और वह उसे गले लगाने के लिए दौड़ी, लेकिन राम ने उसे रोक दिया।

राम भी इतने दिनों बाद सीता से मिलकर प्रसन्न हुए। उसने उसे बताया कि उसने और लक्ष्मण ने उसे बचाने के लिए अपनी जान जोखिम में डाल दी थी। उसने कहा, "मैंने तुम्हें बचाने के लिए सब कुछ जोखिम में डाल दिया है। पिछले एक साल से तुम दूसरे आदमी के घर में रह रहे हो। तुम्हें अपनी पवित्रता साबित करनी है।"

यह सुनकर सीता ने लक्ष्मण से अपनी चिता स्थापित करने को कहा। लक्ष्मण ने राम की ओर देखा, लेकिन राम अडिग थे। उसके पास सीता की आज्ञा मानने के अलावा कोई चारा नहीं था।

जैसे ही आग की लपटें उठीं, सीता चिता पर चढ़ गईं, लेकिन चमत्कारिक ढंग से नहीं जलीं। राम और सीता फिर से एक हो गए और स्वर्ग के सभी देवताओं ने उन्हें आशीर्वाद दिया।

13

भगवान राम वापस अयोध्या

रावण को मारने और सीता राम को बचाने के बाद, लक्ष्मण ने अयोध्या लौटने की तैयारी की। वे उड़ते हुए रथ पर बैठ गए और वानरों की सेना को विदा कर दिया। हालाँकि, बंदरों ने राम के साथ जाने की जिद की, इसलिए उन्होंने उन्हें साथ ले जाने का फैसला किया। इस बीच, राम ने हनुमान को सभी को यह बताने के लिए अयोध्या भेजा कि वे सभी लौट रहे हैं।

अयोध्या का पूरा शहर जगमगा उठा और लोग राम के स्वागत के लिए हाथों में माला लिए सड़कों पर उमड़ पड़े। उड़ते हुए रथ ने जैसे ही जमीन को छुआ, भरत राम और सीता के चरण छूने के लिए आगे बढ़े। राम, लक्ष्मण और सीता अपनी माता कौशल्या, सुमित्रा और कैकेयी से मिले, जो अपने कर्मों से बहुत शर्मिंदा थीं।

ऋषि वशिष्ठ ने राम के राज्याभिषेक की व्यवस्था करने का आदेश दिया, अंत में, राम सिंहासन पर बैठे और ऋषि वशिष्ठ ने उन्हें अयोध्या के राजा का ताज पहनाया और अन्य ऋषियों ने भी उन्हें आशीर्वाद दिया। अयोध्यावासियों ने खुशी मनाई।

14

लव और कुश

रावण के साथ युद्ध के बाद, राम के निर्देशों का पालन करते हुए, लक्ष्मण ने सीता को गंगा नदी के तट पर छोड़ दिया। ऋषि वाल्मीकि के शिष्यों ने सीता को रोते हुए देखा और अपने गुरु को बताया। ऋषि वाल्मीकि ने महसूस किया कि वह महिला वास्तव में सीता थी और उन्हें अपने आश्रम में ले आए। तब से, सीता ऋषि वाल्मीकि के आश्रम में उनकी देखरेख में रहती थीं। कुछ महीने बाद उसने जुड़वां बच्चों को जन्म दिया। आश्रम के सभी लोग खुश थे क्योंकि वे सभी सीता से बहुत प्यार करते थे। ऋषि वाल्मीकि ने दो लड़कों का नाम रखा। लव और कुश। जुड़वाँ बच्चे आश्रम में रहे और ऋषि वाल्मीकि ने उन्हें शिक्षा दी।

ऋषि वाल्मीकि जानते थे कि लड़के बड़े होकर अपने पिता राम की तरह मजबूत, बुद्धिमान और बुद्धिमान होंगे। उसने उन्हें तीरंदाजी सिखाई और जल्द ही लव और कुश अच्छे योद्धा बन गए।

15

लव कुश लक्ष्मण से लड़ें

लव और कुश ने शत्रुघ्न की सेना को हरा दिया और पवित्र घोड़े को वापस करने से इनकार कर दिया। समाचार सुनकर राम ने लक्ष्मण को घोड़े को वापस लाने के लिए वाल्मीकि के आश्रम में भेजा। हालांकि, लव और कुश जिद्दी थे और उन्होंने बिना लड़ाई के घोड़े के साथ भाग लेने से इनकार कर दिया। वाल्मीकि के मार्गदर्शन में लव और कुश धनुर्विद्या में निपुण हो गए थे और इसलिए लक्ष्मण से नहीं डरते थे। उनके और लक्ष्मण के बीच लड़ाई हुई। कुश ने तुरंत अपना धनुष-बाण लिया और लक्ष्मण की ओर एक बाण भेजा। लक्ष्मण क्रोधित हो गए और जल्द ही एक ओर लक्ष्मण और दूसरी ओर लव और कुश के बीच लड़ाई शुरू हो गई।

लक्ष्मण दोनों भाइयों की शक्ति और पराक्रम से बहुत प्रभावित हुए। लव और कुश ने लक्ष्मण पर कई बाण चलाए और अंत में लक्ष्मण हार गए और जमीन पर गिर पड़े। लक्ष्मण के भाग्य के बारे में सुनकर राम चौंक गए। उन्होंने भरत को बुलवाया और कहा कि वे हनुमान के साथ वाल्मीकि के आश्रम चले जाएं।

16

लव और कुश से मिले श्रीराम

जब राम को भरत की हार के बारे में पता चला और ... लव और कुश के हाथों, उन्होंने स्वयं वाल्मीकि ऋषि के आश्रम में जाकर लड़कों से मिलने का फैसला किया। जब वे आश्रम पहुंचे और लव और कुश से मिले, तो उन्होंने उनसे पूछा कि वे कौन हैं। लव ने उत्तर दिया कि वे वनदेवी की संतान हैं, क्योंकि सीता को आश्रम में जाना जाता था। उन्होंने कहा कि ऋषि वाल्मीकि ने उन्हें शिक्षा दी थी।

यह सुनते ही राम ने महसूस किया कि ये बहादुर जवान लड़के उनके अपने बेटे थे। इसी बीच लव और कुश ने राम और उनकी सेना पर तीर चलाना शुरू कर दिया। तभी महर्षि वाल्मीकि प्रकट हुए। उसने लड़कों से कहा कि राम वास्तव में उनके पिता थे। राम ने अपने बच्चों को गले लगाया और खुशी से रो पड़े।

www.ingramcontent.com/pod-product-compliance
Lightning Source LLC
Chambersburg PA
CBHW070611170726
48004CB00017B/890